LA RONDE D'URIAGE

ou

LE GUIDE PARISIEN

AUX EAUX MERVEILLEUSES DE L'ISÈRE

Suivie de plusieurs autres Mélodies Thermales
et enrichie de notes.

DÉDIÉE

AUX BAIGNEURS.

ŒUVRE 97ᵐᵉ.   17ᵉʳ LIVRAISON.

Prix du Livret :

75 c.

SE VEND

Au profit de l'Œuvre de la Propagande universelle du Chant Religieux et National.

33ᵐᵉ ANNÉE.

SE TROUVE A URIAGE AU CABINET DE LECTURE
ainsi qu'à l'Etablissement des Bains.

Juin 1863. (*Déposé.*)

NOTA.

Voir à la fin le **Catalogue général** des **100** Œuvres

DU MÊME AUTEUR,

Publiées sous le titre de : LE MENESTREL DES PYRÉNÉES & DU MIDI.

(5ᵉ édition pour la Musique et 206ᵐᵉ pour les Paroles.)

Les quatre-vingt-dix premiers numéros ont paru

chez

M. REGNIER-CANAUX, Éditeur de Musique

de N. S. Père le Pape,

rue de Mézières, n° 1, près Saint-Sulpice, à Paris,

OU L'ON SOUSCRIT

pour la Musique de la RONDE D'URIAGE,

jusqu'au 1ᵉʳ octobre prochain.

(Affranchir.)

Marseille. — Imprimerie Vᵉ Marius OLIVE, rue Paradis, 68.

ŒUVRE 97ᵉ
XVIIᵉ LIVRAISON
du Ménestrel des Pyrénées
et du Midi.

97ᵉ ÉTUDE
A L'USAGE
des Élèves du Conservatoire
de Bagnères.

SIX
MÉLODIES THERMALES
DÉDIÉES
AUX BAIGNEURS.

PAROLES & MUSIQUE
DE
M. Alfred-Hector Roland,

Directeur-fondateur de l'Œuvre de la Propagande universelle
du Chant Religieux et National.

(33ᵐᵉ ANNÉE.)

Ordre :

Iʳᵉ Mélodie. — LA RONDE D'URIAGE.
IIᵉ   »   — LA PETITE SŒUR DES PAUVRES, Prière.
IIIᵉ   »   — LA TOUSSAINT A URIAGE, Hymne.
IVᵉ   »   — LE NOEL DES GOUTTEUX.
Vᵉ   »   — AVIS AUX BAIGNEURS, Acrostiche.
VIᵉ   »   — L'URIAGEOISE (pour paraître incessamment).

1863

N° 1.

LA RONDE D'URIAGE,
ou
LE GUIDE PARISIEN
aux Eaux merveilleuses de l'Isère.
(1863.)

Première partie.   **Vertus des Eaux.**

1ᵉʳ COUPLET.
Le Guide (solo).

Francs buveurs, charmantes baigneuses,
Pour être heureux, pour être heureuses,
Je vais vous montrer un chemin.....
Suivez-moi tous, le verre en main!
Le bonheur, ah! daignez me croire,
N'est point la fortune ou la gloire :
D'*Uriage* (1) venez donc boire,
Boire le Nectar si vanté
Qui rend, qui donne la santé !

REFRAIN.
Trallarallène,
Hallaralla,
Le vrai bonheur, oh! le voilà !
Trallarallène,
Hallaralla,
Que vaut le reste sans cela ?
Là !

RONDE DES BAIGNEURS.
Chœur.

(Avec accompagnement, *ad libitum*, de tambourins et galoubets, castagnettes, tambours de basque et triangle)

Pan, pan, pan, pan, pan ;
Du gai tambourin
Le joyeux entrain,
Trallalaralla, la, la, la, la, la,
Redit aux échos
La Ronde des Eaux :
Trallalaralla, la, la, la, la, la ;
A son appel répondons tous!
Pan, pan, pan, pan, pan, pan, pan, pan,
Manquer un si beau rendez-vous ?
Allons donc, faudrait être fous !
Pan, pan, pan, ,
Pan !

2ᵉ COUPLET.

Adieu Paris, ma noble ville!
Adieu Veau-d'or aux pieds d'argile ! (2)
Adieu ta Bourse et ses escrocs
Aux bourses faisant mille accrocs !
Adieu grand collecteur étrange!
Adieu *Rambuteaux* et *Domange*,
Gaz, tabagie, absinthe et fange
Vous empestant comme un damné !...
Sauvons-nous tous en Dauphiné!

REFRAIN.
Trallaralène,
Hallaralla,
Des doux parfums qui naissent là,
Trallarallène,
Hallaralla,
Jamais Paris n'en exhala,
Là !

Ronde : Pan, pan, pan, pan', pan, etc.

3ᵉ COUPLET.

Salut *Melun* et ton anguille !
Fontainebleau, d'où la cour brille !
Dijon ! Châlons ! Mâcon ! Lyon !
Tous bons à mettre au corbillon..,. (3)
Montereau ! Sens ! Joigny ! Tonnerre !
Que l'un soit devant ou derrière,
Pour mes rimes la belle affaire !
Avant tout soyons élégants..,.
GRENOBLE est là, prenons des *gants*!

REFRAIN.
Trallarallène,
Hallaralla,
Qui les tailla, piqua, glaça ?
Trallarallène,
Hallaralla,
C'est M'sieu' JOUVIN, brev'té pour çà,(4)
Là !

Ronde : Pan, pan, pan, pan!, pan, etc.

4ᵉ COUPLET.

Nous arrivons..... Tritons, Tritones,
Regalez-vous, puisez par tonnes
Le spécifique universel ! (5)
De *magnésie*, et *soufre*, et *sel*,
Riches ou gueux, le fou, le sage,
En *bains*, *boisson*, *douches*, *massage*,
A ses vertus rendent hommage.... (6)
Cette Eau lave tous les péchés,
Les plus mignons, les plus cachés,...

REFRAIN.
Trallarallène,
Hallaralla,
Mais n' craignez rien du haut en bas...
Trallarallène,
Hallaralla,
Si l'Eau murmure, ell' n' parle pas,
Là!

Ronde : Pan, pan, pan, pan, pan, etc.

5ᵉ COUPLET.

Avant d'entrer en jouissance,
Passez d'abord à l'*Intendance* :
Prenez vos billets au comptoir,
L'on y fait queu' matin et soir !
Puis PHILOMÈNE à la *Buvette*,
S'armant d'un verre et d'une assiette,
Vous dira : Buvez ma clairette,
Buvez sans peur, à longs glous-glous...
ESCULAPE (7) veille sur vous !

REFRAIN.
Trallaralêne,
Hallaralla,
Quell' santé d' fer a o' gaillard-là
Trallaralêne,
Hallaralla,
Qui n'a qu'à s' baisser pour boir' là,
Là!
Ronde : Pan, pan, pan, pan, pan, etc.

6° COUPLET.
Des *douches* JEAN est le ministre
Sans portefeuille.... Il administre
Avec ses *tableaux* peints sur bois,
Sa *sonnette* et son *porte-voix* :
Il ordonne.... et de proche en proche,
Depuis COCHET jusques à COCHE,
Leur *clef* de chambellan en poche,
Accourent *chauffeurs* et *porteurs*,
Baigneurs, *doucheurs*, *inhalateurs*,

REFRAIN.
Trallaralêne,
Hallaralla,
Et le *réveilleur* qui viendra,
Trallaralêne,
Hallaralla,
Vous réveiller quand il faudra, (8)
Là!
Ronde : Pan, pan, pan, pan, pan, etc.

7° COUPLET.
Le PETIT CHAIX et le GRAND PIERRE,
Aux doigts crochus, plus durs que pierre,
Vont vous pétrir sur votre gril,
De dos, de face et de profil....
Loin de s'effrayer du martyre,
Avec vos bourreaux il faut rire....
D'ailleurs, que pourriez-vous leur dire ?
Ils vous enverraient sur le nez
La *douche* qu'au pied vous prenez.

REFRAIN.
Trallaralêne,
Hallaralla,
Quels fiers doucheurs vous aurez là !
Trallaralêne,
Hallaralla,
Sans eux serais-je aussi gai qu' çà,
Là ?
Ronde : Pan, pan, pan, pan, pan, etc.

8° COUPLET.
MARIE, ALPHONSINE, EUGÉNIE,
Trois *masseuses* d'un grand génie,
Ont, auprès du sexe charmant,
Certains embarras, par moment....
L'une veut qu'à peine on la touche,
Qu'on l'effleure en pattes de mouche....
Quand l'autre crie sous la douche:
Claquez, fouettez, n'épargnez pas !
La douche a pour moi tant d'appas !

REFRAIN.
Trallaralêne,
Hallaralla,
De quels appas parlez-vous là ?
Trallaralêne,
Hallaralla,
Expliquez-vous mieux que cela....
Là!
Ronde : Pan, pan, pan, pan, pan, etc.

9° COUPLET.
C'est la fontaine de Jouvence....
Elle embellit tout... et l'Enfance,
Dans ses longs flots iodurés,
S'y fait adulte par degrés.
Au sein de ces métamorphoses,
Jeunes filles, pâles, moroses,
Voient leurs lys se changer en roses....
Beaux jours, vous voilà revenus....
Ah! quel triomphe pour Vénus!

REFRAIN.
Trallaralêne,
Hallaralla,
Quand la fillette y pensera,
Trallaralêne,
Hallaralla,
Son petit cœur ainsi battra :
Là!
Ronde : Pan, pan, pan, pan, pan, etc.

10° COUPLET.
Ici, voyez la jouvencelle,
Jettant ses béquilles loin d'elle,
A travers les plus durs sillons,
Donner la chasse aux papillons !
Là, le prêtre jouant sa boule,
Qu'il pointe, lance, pique et roule,
S'entend redire par la foule :
Pour un goutteux, monsieur l' curé,
Ce n'est, ma foi, pas mal tiré !

REFRAIN.
Trallaralêne,
Hallaralla,
Quel bon tireur nous avons là !
Trallaralêne,
Hallaralla,
Ne tire pas qui veut comme çà,
Là !
Ronde : Pan, pan, pan, pan, pan, etc.

11° COUPLET.
Ces Eaux sont vraiment merveilleuses,
Intelligentes, généreuses,
Offrant à tous, selon les cas,
Ce qui souvent nous manque, hélas!
Des oreilles fines et nettes;
Des yeux sains, exempts de lunettes;
Un brin de verve à nos poëtes,
De l'esprit à nos orateurs
Et de la voix à nos chanteurs (9)

REFRAIN,
Trallarallène,
Hallaralla,
Je crains seul'ment qu'tant de pratiq's là,
Trallarallène,
Hallaralla,
Ne mett'nt à sec la source que v'là,
Là !
Ronde : Pan, pan, pan, pan', pan, etc

12° COUPLET.

Par contre aussi, dans leur sagesse,
Usant un peu moins de largesse,
Ces Eaux guérissent au galop
Des passions qu'on a de trop....
Vingt-et-un jours parfois suffisent (10)
Pour calmer des vapeurs qui grisent....
Quelques baigneurs même vous disent :
Que les plus grands chagrins d'amour
Aux Eaux ne durent pas un jour....

REFRAIN.
Trallarallène,
Hallaralla,
De ces baigneurs, on en rira....
Trallarallène,
Hallaralla,
C'n'est pas l'amour qui les tuera,
Là !
Ronde : Pan, pan, pan, pan, pan, etc.

13° COUPLET.

Planant au-dessus des obstacles,
GERDY (11), DOYON (12) font des miracles...
Ces deux Hyppocrates nouveaux
Ont surpris le secret des Eaux,
Par leurs bons conseils qu'on réclame,
Le froid vieillard, la mort dans l'âme,
Reverdit, se dresse et s'enflamme....
Les boiteux dansent la *polka*,
Et les culs-d'-jatt' la *mazurka*.

REFRAIN.
Trallarallène,
Hallaralla,
De ces danseurs ne rions pas;
Trallaralène,
Hallaralla,
Aidons plutôt leurs premiers pas,
Là !
Ronde : Pan, pan, pan, pan, pan, etc.

14° COUPLET.

Peuples et rois du Nouveau-Monde
Qui bataillez tous à la ronde,
Quelle est la cause de vos maux?
Hé ! c'est la couleur de vos peaux !
Allons, nègres de l'Atlantique,
L'an prochain passez le tropique,
Venez tâter de mon topique....
Vous aurez la paix pour longtemps....
Ici tous les Nègres sont blancs.

REFRAIN.
Trallarallène,
Hallaralla,
On vous lav'ra, savonnera,
Trallarallène,
Hallaralla,
Et puis après l'on vous tondra... (13)
Là!
Ronde : Pan, pan, pan, pan, pan, etc.

15° COUPLET.

Parisiens, faisant usage
Des divines Eaux d'Uriage,
Pour un fils de notre cité,
De DIEU connaissez la bonté !
Désertant église et chapelle,
A leur culte plus qu'infidèle,
Ce malade, sans foi ni zèle,
De corps et d'âme perverti....
En guérissant s'est converti. (14)

REFRAIN FINAL.
Trallarallène,
Hallaralla,
SAINT-MARTIN l'en félicita, (14 bis)
Trallarallène,
Hallaralla,
Et son Pasteur aussi chanta:
Là !
Trallara,
Les saintes Eaux qui coulent là !
Trallaralla, la-ha,
Chaillot n'en pompe pas comm'ça,
Là !

RONDE GÉNÉRALE DES BAIGNEURS.

Pan, pan, pan, pan, pan,
Du gai tambourin,
Le joyeux entrain,
Trallalaralla, la, la, la, la, la,
Redit aux échos
La Ronde des Eaux :
Trallalaralla, la, la, la, la, la,
A son appel répondons tous !...
Pan, pan', pan, pan, pan, pan, pan, pan;
Manquer un si beau rendez-vous?
Allons donc, faudrait être fous!
Pan, pan, pan,
Pan !
Fin de la première partie de la Ronde.

LA RONDE D'URIAGE,
ou
LE GUIDE PARISIEN
aux Eaux merveilleuses de l'Isère,
(1863.)

Deuxième partie.   Excursions.

16° COUPLET.
Le Guide, (solo).

D'*Uriage* admirez la vue !
Ses forêts embrassent la nue,

Et le vallon, vrai Paradis,
S'émaille de fleurs et de fruits !
Lorsqu'à boire la soif vous pousse,
Les rochers ont de l'eau si douce,
Qu'on préfère au bon vin qui mousse
L'excellent breuvage ferré, (15)
Bien qu'il ne soit que peu sucré....

REFRAIN.
Trallarallène,
Hallaralla,
Le *fin'* champagne qu'on boit là !
Trallarallène,
Hallaralla,
Cliquot n'en vend pas comme ça.
Là !..

RONDE DES BAIGNEURS

Chœur.

Pan, pan, pan, pan, pan,
Fortuné séjour !
On dirait qu'un jour,
Trallalaralla, la, la, la, la, la,
Du grand Paradis
Un petit débris,
Trallalaralla, la, la, la, la, la,
Des mains de DIEU, du haut des cieux,
Pan, pan, pan, pan, pan, pan, pan, pan,
Soudain s'échappant vers ces lieux,
Créa ce val délicieux.
Pan, pan, pan,
Pan !

17ᵐᵉ COUPLET.

Bien saturés de ce liquide,
Vous aurez des jarrets d'Alcide :
Et, sans ânesse, sans ânon,
Des sommets du plus grand renom
Vous atteindrez bientôt le faîte !
A cinq cents pieds, ciel ! quelle fête,
Les *Quatre Seigneurs* (16) sur la tête,
De voir, non sans un vif émoi,
Les paysans en bas de soi !

REFRAIN.
Trallarallène,
Hallaralla,
Ce calembourg toujours m' frappa :
Trallarallène,
Hallaralla,
Je l'ai r'tenu d' mon grand papa.
Là !
Ronde : Pan, pan, pan, pan, pan, etc.

18ᵐᵉ COUPLET.

Qu'aperçoit-on dans les clairières ?
Un *vieux château* (17) sans meurtrières,
Sans fossés, créneaux, ni remparts,
Jadis terreur des montagnards :
Plus de pont-levis imprenable !
Plus de poterne infranchissable !
Plus d'oubliette redoutable !..
Qui le tient donc en sûreté ?
C'est l'Ange de la charité.

REFRAIN.
Trallarallène,
Hallaralla,
Ah ! Parlez-moi d' ces maîtres-là !
Trallarallène,
Hallaralla,
Que n'étaient-ils tous comme ça.
Là ?
Ronde : Pan, pan, pan, pan, pan, etc.

19ᵐᵉ COUPLET.

Le Châtelain que l'on vénère
Des ouvriers est le bon père...
Sûr de son pain quotidien,
Le pauvre en lui trouve un soutien.
Aux affligés ouvrant sa bourse,
Aux malades ouvrant sa source,
Quand il aura fini sa course,
Tout le pays en gémira...
Mais au ciel on le bénira !

REFRAIN.
Trallarallène,
Hallaralla,
Chacun d' grand cœur si bien priera,
Trallarallène,
Hallaralla,
Qu'avant cent ans c'te fin n' viendra,
Là !
Ronde : Pan, pan, pan, pan, pan, etc.

20ᵐᵉ COUPLET.

Sortant de la douche écossaise,
Pour mieux suer tout à votre aise,
De la Chartreuse de *Prémol*
Il vous faudra franchir le col,
Plus haut, que chacun en frémisse !
Méfiez-vous du précipice...
Les chamois seuls ont bénéfice
De ces glaciers à l'infini
Cent fois plus grands que TORTONI.

REFRAIN.
Trallarallène,
Hallaralla,
Quand ces p'tit's bêt's prenn't leurs glac's là,
Trallarallène,
Hallaralla,
Le repas fait, ell's dans'nt comm' ça,
Là !
Ronde : Pan, pan, pan, pan, pan, etc.

21ᵐᵉ COUPLET.

Une autre fois (c'est plus facile),
Arpentez *Vaulnaceys*, *Vizile* (18),
Villeneuve, *Herbeys*, *Saint-Martin*,
La capitale du Crétin !
Bon piéton, qu'on se hasarde
Vers *Chamrousse* (que la CROIX garde),
Beldone, l'*Oursière* ou *Bérarde*....
Mais si c'est pour le grand Pelvoux,
Sur des aigles envolez-vous !

REFRAIN.
Trallarallène,
Hallaralla,
Sellez, bridez ces montur's-là !
Trallarallène,
Hallaralla,
La Poste-aux-Aigles se fait là,
Là !
Ronde : Pan, pan, pan, pan, pan, etc.

22ᵐᵉ COUPLET.

Lac de *Lafrey !* voyons tes rives...
Voguons sur tes ondes captives,
Lieu célèbre où NAPOLÉON
Vit arrêter son bataillon ! (19)
Que fait-il alors ? Il s'avance,
Dans l'air son *petit chapeau* lance
En s'écriant : VIVE LA FRANCE !
Et les *Royaux* de dire en chœur:
VIVE A JAMAIS NOTRE EMPEREUR !

REFRAIN.
Trallarallène,
Hallaralla,
Les bons Royaux que c'étaient là !
Trallarallène,
Hallarallà,
L'on n'en voit guèr'. de c'te tremp' là,
Là !
Ronde : Pan, pan, pan, pan, pan, etc.

23ᵉ COUPLET.

Alléchés par son vert fromage (20),
Vous visiterez *Sassenage;*
Puis, pour la bonne bouche, un jour,
La *Grande Chartreuse* à son tour :
L'Eau de Mélisse, l'*Eau des Carmes*,
Cognac, Raspail n'ont plus de charmes...
A l'ELIXIR tout rend les armes...
Lorsque SAINT-BRUNO l'inventa,
Le BON DIEU lui-même en goûta...

REFRAIN.
Trallarallène,
Hallaralla,
Avec délice il s'en versa,
Trallarallène,
Hallaralla,
Trois petits verres comme çà,
Là !
Ronde : Pan, pan, pan, pan, pan, etc.

24ᵉ COUPLET.

Ecoutez !.. la cloche rappelle
Des Hôteliers la clientelle :
Vingt diners sonnent à la fois,
Et tous les *Chefs* sont aux abois...
Les frères PLATEL sous la tente,
ROBIN, SURREL (leur site enchante),
MONNET, CARTIER, d'autres qu'on vante,
Vont vous servir à qui mieux mieux
Un fin repas digne des Dieux !

REFRAIN.
Trallarallène,
Hallaralla,
Lunch ou souper, noce ou gala,
Trallarallène,
Hallaralla,
CHEVET n' sert pas mieux qu'on n' sert là,
Là !
Ronde : Pan, pan, pan, pan, pan, etc.

25ᵉ COUPLET,

Votre faim sitôt apaisée,
Dirigez-vous vers le Musée (21),
Des Alpes voici le *Géant*
Pétrifié sur son séant !
Voici *la Nymphe à la fontaine*
Vidant sa cruche toujours pleine !
Voici l'Artiste-phénomène...
Un *Lion* jouant du basson,
C'est à vous donner le frisson !!

REFRAIN.
Trallarallène,
Hallaralla,
Ne sifflons pas ce croqu'not's là !
Trallarallène,
Hallaralla,
Qui nous croq'rait p'têt' b'en comm' çà,
Là !
Ronde : Pan, pan, pan, pan, pan, etc.

26ᵉ COUPLET.

Au *grand salon*, Messieurs, Mesdames,
Abonnez-vous ! On joue aux *dames*,
Aux *échecs*, au *whist* et, dit-on,
A tous les jeux du meilleur ton:
L'on y danse... et la politique
Y fait conquête du Mexique,
Aux sons brillants de la musique
Du *Miserere* de VERDI
Ou du chant de GARIBALDI....

REFRAIN.
Trallarallène,
Hallaralla,
Que de conquêtes se font là !...
Trallarallène,
Hallaralla,
Jamais l' cañon n'en fit comme çà,
Là !
Ronde : Pan, pan, pan, pan, pan, etc.

27ᵉ COUPLET.

Pour terminer votre soirée,
Du THÉATRE enjambez l'entrée :
Le spectacle est fort imprévu...
Il vaut la peine d'être vu.
Devant un public idolâtre,
Goûtant cet *opéra* folâtre,
On voit le *Chalet* au théâtre
Quand le théâtre est au *chalet*,
L'un portant l'autre, s'il vous plaît !

REFRAIN.
Trallarallène,
Hallaralla,
On peut bâtir d' ces châlets là,
Trallarallène,
Hallaralla,
L'on n'en écrit plus comme ça !
Là !
Ronde : Pan, pan, pan, pan, pan, etc.

28° COUPLET.

Mais déjà l'automne s'approche...
Chacun se tâte... et sent sa poche,
Sous l'empire d'un dissolvant,
Se fondre et flotter à tout vent.
Rentrez chez vous, fils de Grenoble,
Rentrez gaîment dans le vignoble,
Répétant tous, bourgeois ou noble,
Comme Bacchus sur son tonneau :
VIVE URIAGE ET SA BONNE EAU !!!

REFRAIN.
Trallarallène,
Hallaralla,
Tant que TRÈS-CLOITRE s'ouvrira, (22)
Trallarallène,
Hallaralla,
Chaque saison l'on s'y rendra,
Là !
Ronde : Pan, pan, pan, pan, pan. etc

29° COUPLET.

Ah ! si jamais de tes frontières,
L'ennemi, brisant les barrières,
Sur ta *Bastille* (23) vierge encor,
Du haut des monts prenait l'essor...
Lève-toi, soldat de l'Isère
Si fertile en héros naguère,
Et, repoussant le téméraire,
Comme BAYARD (24) dis : « Halte-là !
« Les Anciens Preux sont toujours là !! »

REFRAIN.
Trallarallène,
Hallaralla,
Et la *Bastille* ajoutera :
Trallarallène,
Hallaralla.
Qui s'y frotte s'y piquera....
Là !
Ronde : Pan, pan, pan, pan, pan, etc.

30° COUPLET.

Si je meurs... DIEU, sois-moi propice !
Avant qu'en terre on ne me glisse,
Permets qu'au bruit de mes chansons,
On me porte ici sans façons !
Reposant dans ma nappe blanche,
Que l'on m'étende sur la planche...
Et que des *douches* l'avalanche,
Faisant jouer le grand ressort,
Prouve que l'Auteur n'est pas mort !

REFRAIN FINAL.
Trallarallène,
Hallaralla,

Si DIEU le veut ça se fera...
Trallarallène,
Hallaralla.
C'est pour le coup qu' Paris chant'ra :
Là !
Trallara,
Les saintes eaux qui coulent là !
Trallaralla, la-ha,
Chaillot n'en pompe pas comm' çà,
Là !

RONDE GÉNÉRALE DES BAIGNEURS.

Pan, pan, pan, pan, pan,
Fortuné séjour !
On dirait qu'un jour,
Trallalaralla, la, la, la, la,
Du grand Paradis
Un petit débris,
Trallalaralla, la, la, la, la, la,
Des mains de DIEU, du haut des cieux,
Pan, pan, pan, pan, pan, pan, pan, pan,
Soudain s'échappant vers ces lieux,
Créa ce val délicieux.
Pan, pan, pan,
Pan !

N° 2.
LA PETITE SŒUR DES PAUVRES,
PRIÈRE
à Saint Martin d'Uriage,
Patron des Eaux.

RÉCITATIF.
(*Solo.*)
Des pauvres la Petite-Sœur,
Grande par ses vertus, par sa foi, son courage,
Dans les fiévreux transports d'une inquiète ardeur,
Au divin Patron d'Uriage
Adressait à genoux ce suppliant hommage,
Expression de sa douleur.

AIR : 1" VERSET.
Voici longtemps, hélas ! que ma santé chancelle,
Me forçant de suspendre, en mon humble travail ;
La mission très-sainte où le pasteur m'appelle
A combattre les maux des brebis du bercail !
Ah ! sois ma Providence
Et rends-moi l'espérance !

CHŒUR DES FIDÈLES.
Grand saint Martin, toi qui sauvas les jours
Du pauvre endolori grelottant sur la pierre,
Lorsque de ton manteau tu couvris sa misère,

A la Petite-Sœur viens prêter ton secours!
2ᵉ VERSET.
Que de pleurs, de douleurs, de tristesses
        amères,
Grâce à mes soins pieux, guidés par tes
        bienfaits,
Chez nos pauvres encor, au fond de leurs
        chaumières,
Je pourrais soulager ou guérir à jamais !
 Ah ! sois ma Providence
 Et rends-moi l'espérance !
CHŒUR DES FIDÈLES.
Grand saint Martin, etc.
3ᵉ VERSET.
Par ces puissantes eaux que tes bontés
        protégent,
Fais renaître en mon sein le calme du
        bonheur !
Entends ma voix plaintive et que bientôt
        s'abrégent
Les longs tourments secrets de la Petite-
        Sœur !
 Ah ! sois sa Providence
 Et rends-lui l'espérance !
CHŒUR DES FIDÈLES.
Grand saint Martin. etc.

N° 3.
LA TOUSSAINT
(à Uriage)
HYMNE.

I.
Sainte vallée d'Uriage,
Paisible Eden, cher à mon cœur,
Des doux hivers de mon jeune âge
Tu me retraces le bonheur !
 Dans les églises,
 Aux Saints soumises,
Faisons vibrer nos pieux clavecins !
 Que l'on s'apprête...
 Voici la fête,
 De tous les saints !

II.
Quand sur tes feuilles empourprées,
La neige au loin tend son rideau :
Quand, sur tes crêtes éthérées,
La Croix (25) des cieux brille au tableau ;
 Dans les églises, etc.

III.
Sous tes bois noirs aux mousses sombres,
Qu'un clair ruisseau court visiter,
Quand le jour vient chasser les ombres,
C'est là que j'aime à méditer....
 Dans les églises, etc.

IV.
Toi, qui m'apparus en Syrie,
Mon bel ange, saint Raphaël,
Ainsi qu'alors ta voix me crie :
Chante pour nous, ô ménestrel !
 Dans les églises,
 Aux saints soumises,
Faisons vibrer nos pieux clavecins !
 Que l'on s'apprête...
 Voici la fête,
 De tous les saints !

N° 4.
LE NOEL DES GOUTTEUX (*).
C'est Noël !
Chantons le Fils de l'Eternel :
C'est Noël !
Béni soit l'Enfant d'Israël !

I.
En ce beau jour, bon pélerin,
Nargue la goutte et le chagrin !
Viens avec nous, prends ton missel,
Nous t'emmenons au Mont-Carmel !
 C'est Noël, etc.

II.
Les pauvres pécheurs repentants,
Les infirmes et les mourants,
Même les morts dans leur tombeau
Chantent ce cantique nouveau :
 C'est Noël, etc.

III.
Tout malade veut la santé,
Tout esclave la liberté....
Crois en Dieu, souverain des cœurs ;
JÉSUS guérira tes douleurs !
 C'est Noël, etc.

IV.
Mais le prodige est opéré.....
Ciel ! quel miracle inespéré !
Pas une plainte. pas un cri...
Lève-toi, te voilà guéri !
 C'est Noël !
Chantons le Fils de l'Eternel !
 C'est Noël !
Béni soit l'Enfant d'Israël !!!

(*) Sur la partie malade on frappera d'abord très-légèrement de l'extrémité de l'index et du médium de la main droite la mesure précise de cet air, dont on chantera les couplets et leur refrain, de suite, en *crescendo* par la voix et par la percussion. Bientôt, et séance tenante, la *goutte remontée* redescendra vers le siège d'autres organes non essentiels à la vie. Bien plus, en répétant de temps à autre cette manœuvre entièrement inoffensive et sans la moindre douleur pour le malade, on parviendra, soit à rendre les accès de goutte moins fréquents. soit, dans certains cas. à en prévenir à jamais le retour. Seulement il est utile que le *percuteur* soit suffisamment pénétré lui-même de ce précepte divin : FOI, ESPÉRANCE ET CHARITÉ !

N° 5. — AVIS AUX BAIGNEURS.

ACROSTICHE.

Habitants de l'Europe et d'Afrique et d'Asie,
Ou des bords plus lointains des Océans nouveaux,
Touristes éminents, société choisie,
Essaim d'adorateurs de la Nymphe des Eaux,
Libres de noirs soucis, au vallon d'Uriage,
Désirez-vous connaître, en ce frais paysage,
Un hôtel confortable où l'on trouve à souhait
Rarement ce qu'on craint et toujours ce qui plaît?
Où bon gîte et bons soins, bon lit et bonne table,
Charment tous les clients par un prix raisonnable;
Hébergeant tour-à-tour, *à la carte, à prix fait,*
Et le Baigneur à pied et Crésus qui chevauche?...
Réclamez notre Hôtel : son enseigne est à gauche !

PLATEL Frères.

Uriage-les-Bains (Isère), 1863.

— 12 —

N° 6.

L'URIAGEOISE,

GRAND BALLET

Hygiénico-Sudo-Purgativo-Comique,

ou

Revue critique de toutes les danses nationales du monde sauvage et civilisé.

Paraîtra incessamment.

NOTES.

(1) On se rend de Paris à Uriage-les-Bains (Isère), par Lyon, en 16 heures, et de Marseille, par Saint-Rambert, en 11 heures, (*saison du 15 mai au 1er octobre*).

(2) Qui aime bien châtie bien.....

(3) Grâce à Dieu, ces quatre belles et bonnes villes là sont propres à toute autre chose qu'à mettre au *corbillon*; il en existe même fort peu, soit en France, soit ailleurs, qui aient fourni, elles et leur département, un plus grand nombre d'illustrations en tous genres.

(4) L'Europe entière est tributaire de la maison JOUVAIN, dont l'industrie, portée au plus haut point de perfection, occupe à l'année les laborieuses populations des environs de Grenoble.

(5) L'analyse fournit encore (en outre des sels de soufre, de magnésie et de muriate de soude) du carbonate de chaux, du sulfate de soude, des hydrosulfate de chaux et de magnésie, de l'hydrogène sulfuré libre, de l'azote et des traces d'acide carbonique, enfin de l'iodure de calcium.

(6) Les principales maladies que les eaux d'Uriage guérissent souvent et soulagent toujours sont les suivantes : affections de la peau, scrofules, névroses, maladies des viscères, rachitisme et crétinisme, altération des muqueuses, rhumatisme, goutte, paralysie, chlorose, éléphantiasis, affections du cœur et des reins, débilités générales, dyspepsie, ophthalmie, otite, cystite...... Ah ! daignez m'épargner.....

(7) Cette figurine d'après l'antique et si bien campée, est l'œuvre du sculpteur grenoblois Sappey, auquel le Dauphiné doit tant de productions remarquables.

(8) Plus de 30,000 bains sous toutes les formes se donnent à Uriage pendant la saison, grâce au zèle des préposés dont les noms suivent, savoir: chauffeur en chef, Coche; distributeur des douches, Jean Bonnet; doucheurs, Chaix et Pierre; doucheuses, Eugénie, Alphonsine et Marie; baigneurs, Thibaut, Cccat et Vianney; baigneuses, Sophie et N...; porteurs, Vacher, Coche, Rufin et Corbet; buvettière en chef, Philomène; inhalateur, Emile; réveilleur, N... Cette heureuse installation fait le plus grand honneur à l'intendance. Au reste, en dehors du vaste établissement des bains, où le service du personnel ne laisse rien à désirer, Uriage, dans sa modeste enceinte, offre encore aux baigneurs toutes les ressources de la vie pratique dans MM. PORTAIL et THOMAS, artistes coiffeurs; BAILLON, pâtissier; DESMARET, tenant cabinet de lecture et magasin de papeterie; CHABERT, au bazar; RAYMOND-LAPLACE, voiturier; THIBAUD, jardinier-fleuriste, et les cafetiers, limonadiers, traiteurs et logeurs *de la Cour*,

du Parc, du Pavillon, des Allées, des Alpes, des Albergues; plus : bains de petit lait, pharmacie, bureau de poste aux lettres, etc.

(9) Maints ténors et sopranos de nos théâtres lyriques impériaux devraient bien venir y retremper leur voix officielle.

(10) C'est le *minimum* des jours d'une saison thermale à la pluspart des Eaux.

(11) Inspecteur de l'établissement, auteur d'une excellente *Etude sur les eaux minérales d'Uriage* et qu'on peut se procurer au cabinet de lecture.

(12) Inspecteur-adjoint.

(13) *De Paris jusqu'à Carpentras,*
C'est la mod' vous n' l'échapperez pas!

(14) Historique (14 bis). Patron des Eaux.

(15) La fontaine ferrugineuse fournit en effet une eau des plus appétissantes et des plus salubres, mais qu'il faut se hâter de boire dès qu'elle est puisée, car l'air la décomposant, une petite heure suffit déjà pour lui enlever, même hermétiquement close, tous ses principes minéralisateurs. Cette eau pseudo-martiale devient alors aussi fade et indigeste que la plus mauvaise eau de puits.

(16) Voici la hauteur des principaux points d'excursion en prenant le niveau de la mer pour base, savoir : Grenoble, 214 mètres; établissement, 414 mètres; portes du château, 507 mètres; église de Villeneuve, 595 mètres; église de Saint-Martin-d Uriage, 600 mètres; col de Villeneuve-d'Herbeys, 615 mètres; sommet des hameaux des Bonnet aux Baux, 861 mètres; sommet des quatre-seigneurs, 943 mètres; ruines de la chartreuse de Prémol, 1,095 mètres; maison de ferme du Marais, 1,117 mètres; dernier sapins au-dessus du Marais, 1,274 mètres; fontaine du recoin aux Bois-Noirs, 1720 mètres; Crest-des-Oustes, 1,870 mètres; Croix de Chanrousse, 2,247 mètres; château de Vizile, 270 mètres; le petit village de la Bérarde, 1,766 mètres; sommet du grand glacier de la Bérarde, 2,828 mètres; sommet du grand Pelvoux-à l'Est, 4,105 mètres; couvent de la Grande Chartreuse, 951 mètres; Allevard et Lamotte, deux établissements thermaux d'une grande et antique célébrité, 560 et 599 mètres.

(17) Manoir de M. le comte de Saint-Ferriol.

(18) C'est au château de Vizile, siége des Etats du Dauphiné, qu'en 1788 ont été proposés, formulés, discutés et votés ces CAHIERS fameux qui, plus tard, pour le royaume de France, ont servi de base à la constitution de 1789. Le château du connétable de Lesdiguières, lieu des séances, fut brûlé en 1826. Vizile est réputée, en outre, pour son magnifique parc, ses filatures, ses hauts fourneaux et principalement pour ses *aluminés*.

(19) Historique. Ce fut en effet le 7 mars 1815 que l'officier Randon, aujourd'hui ministre de la guerre, reçut l'ordre de marcher contre Napoléon, à la tête de plusieurs compagnies d'infanterie faisant partie de la garnison de Grenoble, où commandait le général Marchand. On sait le reste.....

(20) On appelle naturellement le *sassenage* fromage *bleu*, parce qu'il est *vert* : c'est là ce qui le distingue éminemment de certains savons de Marseille.

(21) Deux fois par semaine on est admis, et fort gracieusement, à visiter le riche *Musée* du château, dont le catalogue est aussi instructif que varié.

(22) Porte fortifiée ouvrant sur la vallée des Eaux.

(23) C'est le nom du fort imprenable qui commande la frontière Italienne et Suisse.

(24) Bayard (Pierre du Terrail), LE CHEVALIER SANS PEUR ET SANS REPROCHES, est né, en 1476, au château de Bayard, près Grenoble: Mort le 30 avril 1515.

(25) La célèbre *croix de Chanrousse*, élevée de plus de 5.500 pieds au-dessus des bains d'Uriage : *in hoc signo vinces!*

Catalogue général.

CATALOGUE GÉNÉRAL

DES

OEUVRES DU MÊME AUTEUR.

5ᵉ édition pour la Musique et 206ᵉ pour les Paroles,

FORMANT

LA COLLECTION COMPLÈTE

du Menestrel des Pyrénées et du Midi

OU

COURS DE CHANT CHORAL

COMPOSÉ DE

100 morceaux à 2, 3, 4 et 5 voix,

d'une difficulté progressive, sur des sujets religieux, nationaux et classiques,

EXÉCUTÉS

Sous la direction de l'Auteur,

Par les quarante célèbres Chanteurs Montagnards français, ses Élèves, à la Cour de soixante-dix Souverains et Souveraines de toutes les parties du monde, sur tous les Théâtres, dans toutes les Églises et au sein de tous les Collèges, Séminaires et Couvents de la Chrétienté.

(33ᵉ Année de la fondation.)

1ʳᵉ Division (très-facile).

Nº de l'Œuvre.	TITRE DES MORCEAUX.	CARACTÈRE.	NOMBRE DE VOIX.
1	La Tyrolienne des Pyrénées..........	Pastoral	à une ou plus. voix.
2	La Tyrolienne du Midi............. ..	Id.	Id.
3	La Tyrolienne du Périgord.....	Id.	Id.
4	L'Automne (Nocturne)..............	Id.	à 5 voix.
5	Le Roi du Vallon (Boléro favori).......	Id.	à une ou plus. voix.
6	La Bagneraise, (*Bagnères! Bagnères!*)...	Id.	Id.
7	La Béarnaise (Ballade)..............,	Id.	Id.
8	Du Courage ! (Marche des Ecoles)	Classique.	à 5 voix.
9	Le Printemps de Bagnères (Boléro).....	Pastoral.	Id.
10	Le Retour au Pays (Barcarolle)..	Id.	à 5 voix.
11	Le Noël des Pasteurs	Religieux.	à une ou plus. voix.
12	La Vocation (Rondo favori)............	Classique.	à 5 voix.
13	Emma (Sérénade avec flûte *ad libitum*)...	Pastoral.	à une ou plus. voix.

14	La Sainte Bannière (Hymne).........	Religieux-guerrier.	à 5 voix.
15	Minuit! (Nocturne)................	Pastoral.	Id.
16	Alpes et Pyrénées (Mélodie).........	Id.	Id.
17	Le Cor, ou le Signal (avec cor ad libitum).	Id.	Id.
18	Les Guides (Ronde fav. des montagnes).	Id.	à une ou plus. voix.
19	L'Avalanche de Barèges (Prière)......	Religieux.	Id.
20	Rule Britannia! ou les Pyrénées reconnaissantes...............	Pastoral.	Id.

2e Division (facile).

21	Les Souvenirs de la Navarre (Boléro)..	Pastoral.	à 5 voix.
22	Le Naufrage (Elégie)................	Id.	Id.
23	La Verginella (Cabalette italienne favorite	Id.	Id.
24	Halte-la! les Montagnards sont la!...	National favori.	à une ou plus. voix.
25	Hymne a St-Vincent, patron des Montagn^{ds}.	Religieux.	Id.
26	Le Papillon du soir (Nocturne favori)...	Pastoral.	à 5 voix.
27	La Mule du Contrebandier (Boléro fav.)	Id.	à une ou plus. voix.
28	La Chasse aux Isards (Aubade favorite).	Id.	Id.
29	La Lyonnaise dédiée à N.-D.-de-Fourvière.	Religieux populaire	à 5 voix.
30	Le Fifre et le Tambour (Rondo sur un thème favori de Daleyrac).........	Militaire.	Id.
31	Angleterre et France (Sérénade)......	Pastoral.	Id.
32	Le Canal du Midi (Barcarolle)..........	National.	à une ou plus. voix.
33	Sempre! (Cantilène).................	Elégiaque.	à 5 voix.
34	La Valse favorite...................	Pastoral.	Id.
35	Montagnas regaladas (Mélodie catalane)	National.	Id.
36	La Retraite Toulousaine (Rondo favori)	Id.	Id.
37	Six Canons montagnards	Patriotique.	à plusieurs voix.
38	Six Canons ecclésiastiques	Religieux.	Id.
39	Six Canons Bagnerais................	Pastoral.	Id.
40	Six Canons philosophiques............	Religieux.	Id.

3e Division (moyenne difficulté).

41	Six Canons classiques..................	Classique.	Id.
42	Six Canons Toulousains	Id.	Id.
43	La Provençale (Rondo déd. aux Marseillais)	Pastoral.	à 5 voix.
44	Notre ami Pierre (Sérénade favorite)....	Pastoral et militaire	Id.
45	Ma Chaumière, ou Bonheur est là!......	Pastoral.	Id.
46	La Bordelaise (Barcarolle favorite).....	Maritime.	Id.
47	L'Orpheline.......................	Elégiaque.	Id.
48	L'Alsacienne	National.	Id.
49	Berouine! Charmantine!	Pastoral.	Id.
50	Nou, nou, Pouletto!................	Id.	Id.
51	Me cal mouri! (Nocturne favori)........	Elégiaque.	Id.
52	S'in counéches ma bergero (Idylle fav.)	Pastoral.	Id.
53	Heleū! Heleū!.....................	Id.	Id.
54	Jean de Bigorre (Rondo béarnais).......	Id.	Id.
55	La Bretonne (Barcarolle favorite).......	National-maritime.	Id.
56	L'Absence (Sérénade favorite)..	Elégiaque.	Id.
57	La Catalane (Rondo favori)...........	Pastoral.	Id.
58	Le Polonais et la Polombe (Polacca fav.)	Pastoral et national	Id.
59	Espérance! ou la Couronne Polonaise.....	Id.	Id.
60	Tout pour la Patrie! (Cantate favorite..	National.	Id.

4e Division (difficile).

61	L'Hymne a la Vierge (Cantique favori)..	Religieux.	
62	L'Enfant des Montagnes (favori)......	Pastoral et militaire	

— 16 —

63	L'Hymne aux Beaux-Arts (Cantate fav.)	National-classique.	à 5 voix.
64	Les Martyrs de Praga (Chant funèbre).	Religieux-national.	Id.
65	Les Cendres de Napoléon (favori)......	Id.	Id.
66	Une Sérénade au Kremlin de Moscou...	National.	Id.
67	Messe de Rome (favorite)...............	Liturgique.	Id.
68	Vive Henri iv! (Scène pastorale)........	National.	Id.
69	L'Anté per Post-Communion (3 cantiques)	Liturgique	Id.
70	L'Hymne a Pie ix ou le Réceil de l'Italie...	National et favori.	Id.
71	La Nouvelle Varsovienne (Chant favori)	National et guerrier	Id.
72	L'Ange de Charité.....................	Religieux-pastoral.	Id.
73	Le Départ pour la Palestine..........	Religieux et favori.	Id.
74	La Sainte Crèche (Noël solennel)......	Id.	Id.
75	La Messe de Jérusalem..............	Liturgique.	Id.
76	L'Ave Maria du Mont-Carmel..........	Id.	à 4 voix.
77	Hymnes et Cantiques de Terre-Sainte.	Id.	à 5 voix.
78	Les 40 Montagnards aux Pyramides....	National et favori.	Id.
79	L'Alleluia de Jérusalem.............	Liturgique.	Id.
80	12 Litanies de Terre-Sainte...........	Id.	à une ou plus. voix

5ᵉ Division (plus difficile).

81	Royal Souvenir!.....................	Pastoral.	à 5 voix.
82	Le Cantique a la Croix (favori)......	Religieux.	Id.
83	L'Orage au Mont Liban (Prière)........	Id.	Id.
84	La Marseillaise de la Paix......	Id.	Id.
85	En Crimée!!!........................	Religieux-guerrier.	Id.
86	Victoire!!!	Id	Id.
87	Le Congrès de Paris (Caprice favori)...	Patriotique.	Id.
88	La Neustrienne (Barcarolle favorite)....	Id.	Id.
89	Les Brises de la Newa (Hymne au Czar)	Id.	Id.
90	La Pyrénéenne, ou les Immortels Souvenirs des 40 Chanteurs montagnards...	Religieux-pastoral.	Id.
91	Chants des Pèlerins aux 12 stations de Terre-Sainte (1ʳᵉ et 2ᵉ suite)........	Religieux.	à 2, 3 et 4 voix.
92	Les Chants nationaux de la France, (Harmoniés en chœur)........·.......	National.	à 5 voix.
93	Douze Marches favorites de Concert..	Religieux-pastoral.	Id.
94	Ciel et Terre!......................	Religieux-national.	Id.
95	La Morale en chansons...............	Relig.-philosophiq.	Id.
96	Fleurs d'Helvétie (12 tyroliennes).....	Pastoral	Id.
97	La Ronde d'Uriage, [suivie de 5 autres mélodies thermales (1ʳᵉ et 2ᵉ suite)	Religieux-populaire.	à 5 voix.
98	La Phocéenne (Chansonnette gastronomique)............................	National, philosophique et populaire.	Id.
99	L'Anthologie Chorale, (1ʳᵉ et 2ᵉ suite)	Relig. nat. et class.	à 2, 3 et 4 voix.
100	Les Couronnes poétiques, Chants en l'honneur de l'Œuvre des 40 Montagnards français (1ʳᵉ et 2ᵉ suite).............	Relig. nat. et class.	Id.

Vu, vérifié et approuvé
le présent Catalogue général par
l'Auteur des Paroles et de la Musique soussigné,

Alfred-Hector ROLAND.

Paris, 15 mai 1863.

(Reproductions et traductions réservées.)

www.ingramcontent.com/pod-product-compliance
Lightning Source LLC
Chambersburg PA
CBHW061622040426
42450CB00010B/2620